ein schlagendes Stück!
Einführung ins selbst(mediale) Fremdsprachenlernen mit Deutsch

DEUTSCH ODER WAS!?

2. Auflage

Im Buch benutzte Anweisungen und Aufgabentypen:
Aufgabe　課題
Danach bitte aussprechen lassen　発音する、発音させる
Als Dialog aussprechen　ダイアログで／として話す
Zeichnen Sie die Gebirge, Flüsse und Außengrenzen ein !!　書く、記入する
Daten herausfinden: Geburtsort, wohnt wo, Beruf.　調べる
Fragen stellen　質問する・作る
Benutzen Sie diese Wörter：　この単語を使う
Bitte zeichnen Sie die Szene als Comic!　漫画を描く
Basteln Sie Fragen dazu!　質問を作る
schnell antworten (1 Sek. bis zur Antwort!) –　すばやく答える
Spielen Sie die Szene !　その場面を演じる
Schreiben Sie die Fortsetzung !　続きを作る
perspektivisch zeichnen　三次元で描く
Dinge benennen und Preise angeben　名前をあげる・付ける、値段を言う
Einige Dinge sammeln　物を集める
Zeichnen Sie Ihr Zimmer/Haus und beschreiben Sie es !　部屋を描く 描写する、説明する
Zeichnen Sie nach der Beschreibung Ihres Nachbarn!　隣の人の言うことを絵にする
Auswendig lernen und Fragen stellen　暗記する　質問をつくる
Basteln Sie selber eine Interviewszene !　場面をつくる
Umschreibung der Texte in die dritte Person　書き換える
Schreiben Sie die Pronomen raus!　代名詞を書き出す
Worauf beziehen sie sich jeweils?　何に関係していますか
Eine Szene vorspielen: schnell und ohne Text!　場面を演じる - 早くテキスト無しで
Zeichnen Sie nach dem Text　テキストのとうりに描く
alleine　一人で
mitlesen　いっしょに読む
nachsprechen　あとをつけて

I. Laut (aus)sprechen ·· 4
    1. Alternative Alphabete: Das Uni-Alphabet
    2. DEUTSCH ? (1)
    3. Deutsch (2): Die Alternative Liste
    4. NAMEN(1): Deutschland, Osterreich und die Schweiz
    5. Namen(2)
    6. Namen(3): Wer ist wer?
    7. Und der rechts?
    8. eins zwei drei : Zahlen (1)
    9. Telefonnummer = Telefon + Nummer (1)
   10. Uhrzeit = Uhr + Zeit (1)
   11. Verabredung (minimal), annehmen, ablehnen

EXKURS ·· 10
    Ein deutsches Volkslied: Der Kuckuck
    1. Noten
    2. Der Text auf Deutsch und auf Japanisch
    2.1. Deutsch
    2.2. Japanisch
    3. Rhythmusstruktur: Musiknote
    4. Welche Informationen gibt der deutsche Text, welche der japanische Text?

II. Guten Tag ! ·· 11
    A. Begrusungen
    1. ／ 2. ／ 3. ／ 4.
    5. "du" und "Sie"
    B. Kennenlernen
    1. ／ 2. ／ 3.
    C. Etwas vorstellen: Die Universitat

III. Vorstellung ·· 13
    A.
    1. Guten Tag !
    2. Guten Tag !
    3. Guten Abend, meine Damen und Herren !
    4. Rhythmus
   B. Aktivitaten
    1. Was machen Sie in der Freizeit, am Abend, heute, morgen, vormittag,
    2. Was essen／trinken Sie gern?
    3. Genaue Angaben machen
    4. Mitreden: Sport (Sie sind B)
   C.
  1a.
  1b (schwer: Lehrperson, bitte erklaren)
  2. (Takeo Kitano, in Saitama, Student, Wirtschaftswissenschaft, Tennis
  3. (Mariko Mori, in Kobe, Pianistin, aus Nagasaki, gern kochen,
  4. Und Sie ?
   4a. Haben Sie Familie? Benutzen Sie diese Worter:
   4b. Die eigene Familie
  5. Zahlen (2)
  6. Uhrzeit(2) : offizielle Uhrzeit
  7. Personliche Daten:

IV. Und Sie ? ·· 19
    A.
     1.
      1a ／ 1b
     2. ／ 3.
    B. Was ist er ? Und was ist sie ?
    C.
     1. Übung: schnell antworten (1 Sek. bis zur Antwort!) -
     2. Bruder und Schwester
     3. Exkurs
     4. Zahlen(3)
     5. Datum
     6. Wochentage, Monate, Jahreszeiten und Jahrgang

V. Und sie? Wer sind sie? ·· 25
    1. Wer sind wir?
    2. Was sagen die Deutschen in der gleichen Situation wie unten ?

VI. Beschreiben, fragen, kommentieren ······················· 26
    A. Mein Kopf tut weh.
     1. Korperteile:bitte zeichmen!
      1) Der Korper
      2) Der Kopf
     2. Der Zahn tut weh
     3. Und der Kopf tut auch weh
     4. Ortsangaben
      1) Adverbien
    B. Dinge benennen und Preise angeben
     1. Dialog
     2. Einige Dinge sammeln
     3. Wo ist X? : Präpositionen(lokal)

VII. Mein Zimmer ··· 29
    A.
     1. Wo wohnen Sie ?
     2. ein Dialog
     3. Wie kommt man von hier zu Ihrer Wohnung ?
     4. Was haben Sie (alles) in Ihrem Zimmer ?
     5. Zeichnen Sie Ihr Zimmer/Haus und beschreiben Sie es !
     6. Zeichnen Sie nach der Beschreibung des Lehrers !
     7. Zeichnen Sie nach der Beschreibung Ihres Nachbarn !
     8. Zimmerbeschreibung
    B. Interviews auf der Strase

VIII. GRAMMATIK ·· 33
    1. dritte Personen (Personal- und Demonstrativpronomen)
     a) ／ b) ／ c)
     d) es war einmal
    2. Verbstellung und Wortstellung
     a) Aussagesatz (Thematisierung)
     b) W-Fragen
     c) Ja-Nein-Fragen

    3. die Rahmenstruktur
     a) schwach (Verb-Objekt)
     b) stark (Kopula-Pradikatadjektiv)
     c) notwendig (trennbare Verben)
     d) notwendig (Hilfsverb-Vollverb)
     e) weiteres..
    4. SATZRAHMENBILD

IX. Hast du Zeit ? (eine Szene vorspielen : schnell und ohne Text!) ··· 38
   A.
    1. Verabredung
   B. Variationen:

X. Wünsche und Erfahrungen schildern ··· 39
   A. Was machen Sie in den Sommerferien ?
    1. Schones Studentenleben
    2. Die moderne Studentin
    3. Eine deutsche Studentin
    4. Und Sie, was machen Sie in den Sommerferien ?

XI. Aus mehreren Sichten schildern ··· 43
   A. Vorbereitung
    1. Aufgabe
    2. Die Geschichte : Ein Unfall
   B. Meldungen
    1. Polizeimeldung
    2. Die Meldung in einer deutschen Zeitung
   C. Erlebnisberichte
    1. Im Krankenhaus
    2. Der Fusganger geht nach Hause und erzahlt seiner Frau von dem
    3. Er muss am nachsten Tag zur Polizei. Die fragt ihn noch einmal.
   D. Vergleichen Sie alle Gesprache und Texte !

XII. Spiel (nicht) mit den Normen ! ··· 47
   A.
    1. In Japan
    1. 1. ／ 1. 2.
    2. In anderen Gegenden
    3. Wie war es in Ihrer Schulzeit ?
    4. Basteln Sie eine Szene aus Ihrer Schulzeit !
   B. So soll mein (e) Partner (in) sein
    1. A: Also meine Frau muss gut kochen konnen.
    2. A: Also, mein Mann muss viel Geld verdienen. ...
    3. Zugabe: Zeichnen Sie Ihren Idealpartner !
    4. Schwierige Sprechakte: Z.B. Komplimente machen
    4. 1. Mode und Modenschau: Akkusativ und Geschlechtsbeibehaltung
     a) Was hat Ihr Nachbar/ Ihre Nachbarin an?
     b) Neueste Mode

I. Laut (aus)sprechen

1. Alternative Alphabete: Das Uni-Alphabet

A wie Arbeit (repooto)
B wie Bibliothek
C wie Cafeteria
D wie Deutsch
E wie Englisch
F wie Französisch
G wie Geschichte
H wie Hausaufgabe
I wie Institut
J wie Jura
K wie Klausur
L wie Lektor
M wie Mensa
N wie Note
O wie Operation
P wie Prüfung
Q wie Quatsch
R wie Rektor
S wie Schein
T wie Technik
U wie Universität
V wie Vorlesung
W wie Wirtschaft
X wie x-beliebig
Y wie Y-Chromosom
Z wie Zimmer

Ä wie Ästhetik
Ö wie Ökologie
Ü wie Übung
ß = s + z

Aufgabe für Lehrer: Versuchen Sie ein Alphabet für die Studienfächer der Lerner.
Danach bitte aussprechen lassen

2. DEUTSCH ? (1)

                    Ja, Deutsch !
        Volkswagen ? Oh, ja.
                    Beethoven ? Ach, ja.
     Bier ? Jaja.
                    Mercedes Benz ? Na, ja.
       Messerschmidt ? Ach, was.
                     Hitler ? Mein Gott !!
    Atomenergie ? Nein, danke !
      Wein ? Gut !
               Rhein ? Besser so.
 Moselwein ? Sehr gut !
Ein Glas Wein ? Ja, gerne. Danke schön !

IN Internetaufgabe: Was finden Sie in Deutschland zu diesen Begriffen (groß geschrieben) (Zum Schreiben im IN: ö=oe, ä=ae, ue=ü, ss=ß) Suche mit Google, yahoo, usw.: das Wort aus dem Text in die Suchmaske schreiben und sehen, was passiert (Bei Mojibake umstellen auf Uencode7 oder Windows Westeuropa und den Bildschirm anpassen).

Was wissen Sie von Europa, Mitteleuropa, "doitsu","suisu" etc. ??

3. Deutsch (2): Die Alternative Liste

Wurst?   Ist ja Käse.

Kebab?   Mega!

Mülltrennung? Kein Thema.

Arbeitslos?   Schade!

Fußball?   Warum nicht!

Aufgabe: Als Dialog aussprechen

4. NAMEN(1): Deutschland, Österreich und die Schweiz

```
                        Kiel
                                Lübeck      Rostock
                          Hamburg
              Bremen
                                                    Berlin
                        Hannover
                                      Magdeburg
              Dortmund
              Düsseldorf    Kassel
                                              Leipzig
        Köln                        Weimar          Dresden
        Bonn


              Frankfurt am Main      Bayreuth              (Praha)
  Trier
              Mannheim
                 Heidelberg              Nürnberg
  Saarbrücken


                        Stuttgart


                 Freiburg              München        Linz
                                                              Wien
                                              Salzburg
                 Basel              Innsbruck
                    Zürich
                 Bern                                    Graz
```

IN-Aufgabe: Finden Sie etwas heraus über eine Stadt Ihrer Wahl:
Deutschland: <www.Stadtname.de.> oder <http://www.meinestadt.de/> ;
Schweiz: <www.Stadtname.ch>; Österreich: <www.Stadtname.at>.
Auf Japanisch: Ihr erster Eindruck von dieser Homepage.

!! Zeichnen Sie die Gebirge, Flüsse und Außengrenzen ein !!
(An wieviele Länder grenzt D, Ö, die Schweiz und J?)

5. Namen(2)

Michael Schumacher
Oliver Kahn
Harald Schmidt
Joop
Gerhard Schröder
Herbert Groenemeyer
Franz Beckenbauer
Angela Merkel

eine Familie
        Helga   Vogel
        Klaus   Vogel
        Michael Vogel
        Ingrid   Vogel
   Vorname + Familienname

Herr Vogel, Frau Vogel, Michael, Ingrid,
die Tochter, der Sohn, (die Kinder), der Vater, die Mutter, (die Eltern)
der Mann, die Frau, das Ehepaar
xHerr Michael, xFrau Ingrid

Aufgabe
Zeichnen Sie die Familienstruktur (den Stammbaum)!

IN-Aufgabe: z.B. eine(n) jetzt berühmte(n) Deutsche(n) suchen, einfache
Daten dazu herausfinden: Geburtsort, wohnt wo, Beruf.

6. Namen(3): Wer ist wer?

Ludwig van Beethoven
Albert Einstein
Max Weber
Clara Schumann
Immanuel Kant
Wolfgang Amadeus Mozart
Franz Siebold

7. Und der rechts?
Das ist (wohl, wahrscheinlich, sicher) .....

8. eins zwei drei : Zahlen (1)

      0 : null

*	eins	***** *	sechs
**	zwei	***** **	sieben
***	drei	***** ***	acht
****	vier	***** ****	neun
*****	fünf	***** *****	zehn

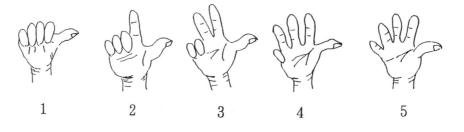

***** ***** * elf
***** ***** ** zwölf

dreizehn, vierzehn, fünfzehn, sechzehn, siebzehn, achtzehn, neunzehn, zwanzig

9. Telefonnummer = Telefon + Nummer (1)
  drei sechs, zwei eins vier fünf = ??
  null drei, vier sieben eins, acht null neun eins = ??
  45 - 7681 ?? 285 - 3134 ?? 06 - 364 - 7295 ??

Handynummer
e-mail, SMS
homepage

Haben Sie ein Handy?
Dann Ihre Nummer bitte!
Haben Sie auch / eine homepage? (engl. Aussprache!)
eine e-mail, SMS schicken

10. Uhrzeit = Uhr + Zeit (1)
   Es ist jetzt

 3(Uhr)   halb 4   5 nach 4   12 vor 4   10 vor halb 2   7 nach halb 1

Bruchzahlen
ein Viertel; aber ein Drittel, halb, ein Eintel ; ein Zwanzigstel
Viertel vor/ nach

Also:

11. Verabredung (minimal), annehmen, ablehnen
A1: Was machen Sie heute (abend) um 9 Uhr? um 12 Uhr?
B1a: Ich gehe zu Suzuki
A2a: Dann viel Spaß!
B2a: Ja, danke, Ihnen auch

A2b: Ich komme mit
B2b: Ja, gut

EXKURS

Ein deutsches Volkslied: Der Kuckuck

1. Noten

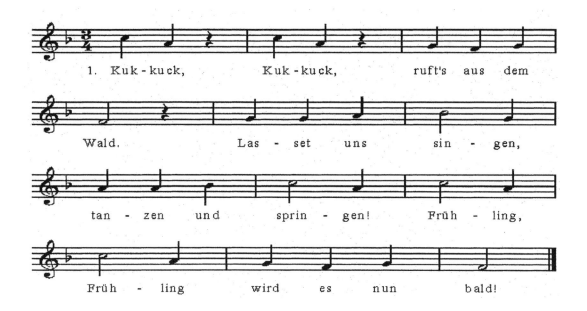

2. Der Text auf Deutsch und auf Japanisch

2.1. Deutsch

>(1)
>Kuckuck, kuckuck ruft's aus dem Wald
>Lasset uns singen, tanzen und springen!
>Frühling, Frühling wird es nun bald.

>(2)
>Kuckuck, Kuckuck lässt nicht sein Schrei'n:
>Komm in die Felder, Wiesen und Wälder!
>Frühling, Frühling, stelle dich ein!

2.2. Japanisch

Den japanischen Text suchen, bitte

3. Rhythmusstruktur: Musiknote

4. Welche Informationen gibt der deutsche Text, welche der japanische Text?

II. Guten Tag !

A. Begrüßungen

1.
        Guten Tag, Herr Schmidt !

                Ach, Herr Jablonski, guten Tag !
                Wie geht es Ihnen ?

        Danke, sehr gut. Und Ihnen ?

                Es geht.

2.
        Guten Morgen !

                Guten Morgen, Herr Meier !
                Lange nicht gesehen ! Wie geht's ?

        Nicht schlecht.
Und wie geht es Ihnen ?

                Auch gut.

3.
        Hallo, Klaus !

                Grüß dich !
        Na, wie geht's ?

                Könnte beser sein.
        Und dir ?

                Oh ja, es lässt sich aushalten.

4.
        Hallo, Toni!

                ... Hallo.
        Wie geht's ?

                Nicht gut.
        Was ist denn los ?

                ... Gerda ist weg.
        Ach, komm !
Das wird schon wieder.

5. „du" und „Sie"
ich - du   (Familie, Freunde/Freundinnen, (Klassen)kameraden usw.)
ich - Sie   (nicht gut befreundet, fremd)

B. Kennenlernen
1.
            Herr Keller, das ist Herr Tanaka.
    Ach, guten Tag, Keller.   Tanaka. Guten Tag.

2.
    Guten Abend !
    Ich heiße Takeuchi. Und Sie ?
                        Guten Abend !
                        Mein Name ist Kajo Bromgeistl.
    Wie war Ihr Name, bitte ?
                        Kajo Bromgeistl.
    Aha. Herr Bromgeistl.
                        Zum Wohl!
        (Prost!) Zum Wohl !
3.
            Das ist Frau Schulte.
    Freut mich sehr, Handke   Ganz meinerseits.

C. Etwas vorstellen: Die Universität

die Universität
            die Bibliothek   das Tutorium
            die Mensa   der Schein, die Einheit
            der Hörsaal   die Prüfung, der Test
            der Raum   die Zwischenprüfung
            das Studium   die Klausur, das Examen
            das Seminar   der Student, die Studenten
            die Vorlesung   die Studentin, die Studentinnen
            das Proseminar der Lektor, Professor, Assistent
            das Hauptseminar Dozent, Rektor
            die Übung   die Lektorin, der Tutor, die Tutorin
            das Praktikum   und so weiter (usw.)

Aufgabe:
   Das ist
   Hier ist
   Da ist
   Heute ist

Zeichnen Sie Ihre Uni, oder laden Sie einen Grundriss von der Uni-Homepage herunter und stellen Sie sie mit den Wörtern oben vor.

先生は日本語で説明する

III. Vorstellung

A.
1. Guten Tag !
   Ich heiße Peter Dietgen.
   Ich bin aus Eppeltal in Hessen, und studiere jetzt in Bonn.
   Mein Hauptfach ist Informatik.
   Ich studiere auch Musik und Sprachen.
   Ich spiele Gitarre, Bongos und Flöte.
   Das Studium ist schon schwer.

Aufgabe
- Woher kommt Peter Dietgen? Woher kommen Sie?
- Was studiert er? Was studieren Sie?
- Was macht er in der Freizeit? Und Sie?
- Wie findet er das Studium? Und Sie?
 (leicht, schwer, interssant, langweilig)

2. Guten Tag !
   Mein Name ist Helga Vogel.
   Ich bin Lehrerin und wohne in Hamburg.
   Mein Mann Klaus ist Grafiker.
   Wir haben einen Sohn und eine Tochter.
   Michael ist Student und Ingrid arbeitet in Bremen.

Aufgabe:
- Haben Sie Familie?
   Ja, mein Vater heißt X Y. Meine Mutter heißt Z A
     NICHT: ich habe meinen Vater
       Hier auch NICHT: Mein Vater ist X Y

3. Guten Abend, meine Damen und Herren !
   Ich heiße Taro Yamada.
   Ich komme aus Japan und arbeite jetzt in Düsseldorf.
   Meine Familie ist auch da.
   Meine Frau heißt Hanako und mein Sohn Gen.
   Ich hoffe, wir finden hier in Deutschland viele Freunde.
   Danke schön !

Aufgabe: Fragen stellen
1.
2.
3.
4.
5.
6.
7.

Fragewörter(1): Diese Wörter können Sie benutzen

was

wer

wo

woher

wie

wann

4. Rhythmus
   a) guten Tag :   Xx X   b) auf Wiedersehen :   xXxXx
                    xxX   xXxx*
                    xX   *Xxx
              (Tag   X)   (Wiedersen   X*x)

   c) ich komme aus Japan : xXx xXx   d) ich bin Student: xX xX
                             xxxxXx   xxxX
                             *x**Xx   *xxX

   e) meine Familie ist auch da: ?

B. Aktivitäten
1. Was machen Sie in der Freizeit, am Abend, heute, morgen, vormittag, nachmittag, abend, im Klub, am Montag, am Wochenende, im Sommer?
   bei Hayashi, zu Hause essen,
   Bier, Wein, Orangensaft trinken
   nach Osaka fahren
   schwimmen, laufen, Fußball spielen
2. Was essen / trinken Sie gern?
   Bier Wein Sprudel Saft
   Braten Currywurst Fritten Kebab Curryreis Salat

Aufgabe: Diese Wörter im IN suchen und die Bilder ansehen:
   Sauerbraten, Salat, Zwiebeln, Stollen

Aufgabe: Preise vergleichen (im IN nachsehen)
was kosten die? (Umrechnungsrate Tageswert: 1 E = _____ Yen)
X kostet in Japan x Yen, d.h. y Euro, und in D w Euro, d.h. z Yen.
usw.

3. Genaue Angaben machen
   Was machen Sie heute abend?
   Um 8 Uhr esse ich zu Abend. Um 9 Uhr sehe ich fern.
   Von halb zehn bis 12 gehe ich zu Tanaka. Da trinken wir Bier.
   Um 1 Uhr komme ich nach Hause und dann gehe ich ins Bett.

4. Mitreden: Sport (Sie sind B)
A: Ja, also, am Montag spiele ich Tennis. Am Dienstag und Donnerstag habe ich Training. Und am Samstag spiele ich beim FC Grün-Weiß.
B:

C.

1a.

Hallo, Leute !
Ich bin die Brigitte.
Ich wohne in Berlin, in Schöneberg.
Ich bin sechzehn Jahre alt und gehe noch in die Schule.
Macht mir die Schule Spaß ? Quatsch !
Aber ich habe viele Freunde und Freundinnen da.
Horst ist mein Freund. Der hat ein Motorrad.
Wir fahren immer damit rum.
Was, du hast auch eins ? Gratuliere !
Also dann, viel Spaß! Tschüß !

1b (schwer: Lehrperson, bitte erklären)

Eh du, Chinese oder was. Macht nichts, gibts hier genug davon.
Ike der Yilmaz. 18 bin ik jetzt, un ooch us Berlin. Herrmannplatz, Kreuzberg, da weeste alles.
Hier wohnen viele Türken, so wie ich. Deutsch braucht man hier nicht.
Arbeet? Schön wäret! Na ja, manchmal kommt mal was übern Weg.
Und sonst? Rumhängen, oder was.
Das mit der Schule war ja nun ooch nich so gut.
Und jetzt? Stütze. In die Türkei? Ja gerne, schließlich sind wer ja Türken.
Ich hab da viele Verwandte. Aber für immer da wohnen, nee danke.

Ike = ich
un = und
ooch = auch
us = aus
weeste = weißt du
Arbeet = Arbeit
wäret = wäre es
rumhängen = nicht viel tun
Stütze = Arbeitslosengeld
wer = wir
nee = nein

andere Verständnisprobleme:
macht nichts
da weist du alles
schön wärs
übern Weg kommen
oder was
für immer
nein danke

Und jetzt du:

2. (Takeo Kitano, in Saitama, Student, Wirtschaftswissenschaft, Tennis spielen, aus Niigata, allein, leben, wohnen ...)

3. (Mariko Mori, in Kobe, Pianistin, aus Nagasaki, gern kochen, einen Hund haben, Maikeru, sein Name ...)

4. Und Sie ?

4a. Haben Sie Familie? Benutzen Sie diese Wörter:
Mein Vater, meine Mutter, mein Bruder, meine Schwester, mein Großvater, meine Großmutter, mein Freund, meine Freundin, mein Sohn, meine Tochter
(heißt, kommt aus, wohnt in, ist)

4b. Die eigene Familie
Jedes einzelne Familienmitglied auch schon Charakterbesonderheiten(mit Bild!): Hanako ist nett; er trinkt immer viel; sie isst sehr viel, Takashi hat doch schon 2 Kinder! Takashi ist blöd, usw.)

IN-Aufgabe
Für Lehrer: Irgendeine Namen-Kombination in die Suche von google eingeben. Höchstwahrscheinlich kommt eine private Homepage. Das Beispiel ausdrucken und zeigen.
Basteln Sie Fragen dazu!

5. Zahlen (2)

21 einundzwanzig	30 dreißig
22 zweiundzwanzig	40 vierzig
23 dreiundzwanzig	50 fünfzig
24 vierundzwanzig	60 sechzig
25 fünfundzwanzig	70 siebzig
26 sechsundzwanzig	80 achtzig
27 siebenundzwanzig	90 neunzig
28 achtundzwanzig	
29 neunundzwanzig	99 neunundneunzig
	100 hundert

(Rhythmus！ 21/22/...... XxXx   27...... X**Xx)

6. Uhrzeit(2)：offizielle Uhrzeit
16 Uhr 12, 9 Uhr 56, 15 Uhr 35, 21 Uhr 8 ...

Zeitangaben im Gespräch
morgens, vormittags, mittags, nachmittags, abends
Beispiele: vier Uhr zwölf nachmittags, vier vor zehn vormittags,
    neun Uhr acht abends

7. Persönliche Daten:
Wie groß sind Sie? 1,70m (ein Meter siebzig)
Wie alt sind Sie? 18 (achtzehn)

Was machen Sie heute abend?
Um acht Uhr komme ich nach Hause.
Von neun Uhr bis elf Uhr sehe ich fern.
Danach lerne ich noch für einen Test.
Um 1 Uhr gehe ich dann endlich ins Bett.

Was machen Sie morgen?
....stehe ich auf (auf/stehen),..frühstücke ich. gehe ich an die Uni..habe ich zwei Seminare (zu Mittag /essen, mit meinen Freunden sprechen, im Klub Baseball spielen/ fertig sein/ ein Bier trinken gehen...)

Wochentage: Montag, Dienstag, Mittwoch, Donnerstag, Freitag, Samstag, Sonntag

(Freitag nachmittag+) Samstag+Sonntag=Wochenende
Was machen Sie am Wochenende?
(NICHT: Was ist Ihr Hobby)

IV. Und Sie ?
A.
1. (Herr Momper ist Lehrer. Sie sind Lerner(in).)
   Ich heiße Momper, Paul Momper. Und Sie ? Wie heißen Sie ?
   _____
   Aha. Ich bin Lehrer. Und Sie ? Was sind Sie ?
   _____
   Und wo wohnen Sie ?
   _____
   Ich ? Ich wohne jetzt in Nagoya, aber ich bin aus Mainz.
   Woher sind Sie ?
   _____
   Wo ist denn das ?
   (*)_____
   Gut, soviel für heute ! Auf Wiedersehen !
   _____

(1a)

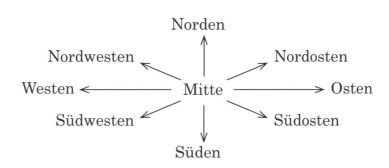

　　　　　im _____ von X / in der Mitte von X

A : Wo wohnen Sie?
B : In Babacho
A : Wo sit das denn?
B : Im Norden von Okaya / In der Mitte von Okaya

(1b) westlich von Osaka (östlich, südlich, nördlich von Osaka)
　　　nordwestlich, südwestlich, nordöstlich, südöstlich (von Osaka)

2. (Herr Vogel und Sie sprechen auf einer Party in Japan.)
   V : Guten Abend! Ich heiße Klaus Vogel.
       Ich komme aus Hamburg und bin Grafiker. Und Sie ?
   Sie : Guten Abend!
   _____

   V : Sind Sie Student(in) ?
   Sie : _____
   V : Was studieren Sie ?
   Sie : _____
   V : Aha, das ist ja interessant. Zum Wohl, Herr/Frau_____ !
   Sie : _____!

Aufgabe : 1. Konversationen ohne Texte !
           2. Basteln Sie selber Gespräche:

3.(Herr Takeuchi ist bei Bromgeistls. Er besucht sie.)
   T   : Guten Abend, Herr Bromgeistl !
   Hr.B : Ach, Willkommen, Herr Utschi ! Bitte herein.

           Paula, das ist Herr Take Utschi.
   Fr.B : Guten Abend, Herr Utschi !
   T   : Guten Abend, Frau Bromgeistl !
           Äh, aber mein Name ist Takeuchi, Takashi Takeuchi.
   Hr.B : Ach, bitte ?! Sie heißen doch Take Utschi.
   T   : Ja, Takeuchi ist der Familienname.
           Und Takeshi ist mein Vorname.
   Hr.B : Oh, da habe ich mich vertan. Verzeihen Sie bitte,
           Herr Takeuchi! Donnerwetter, Japanisch ist doch schwer.
   T   : Das macht nichts. Deutsch ist auch nicht leicht.
   Fr.B : Bitte, kommen Sie doch herein, Herr Takeuchi !
   T   : Danke schön !
Aufgabe : Bitte zeichnen Sie die Szene als Comic!

B. Was ist er? Und was ist sie?

  Die Familie Vogel

   Frau Vogel ist Lehrerin. Sie lebt in Hamburg. Sie hat eine
   Familie. Herr Vogel, der Sohn Michael, die Tochter Ingrid
   und sie sind die Familie Vogel. Herr Vogel ist Grafiker.
   Er arbeitet zu Haus und kocht gerne. Er kann gut kochen.
   Michael ist Student. Er studiert Japanologie in Bochum.
   Er will nach Japan fahren. Seine Schwester Ingrid arbeitet
   bei der Lufthansa in Bremen. Sie spielt sehr gut Fußball.

Fragen über die Familie Vogel:

  1. Was ist Frau Vogel?
  2. Wo wohnt sie?
  3. Wie ist die Familie Vogel?
  4. Wer ist Student?
  5. Wo studiert er?
  6. Was studiert er?
  7. Was kann Herr Vogel?
  8. Was ist die Tochter?
  9. Wie heißt sie?
 10. Wo arbeitet sie?
 11. Was spielt sie gut?
 12. Was will Michael machen?

   AUFGABE:
    1. Stellen Sie selber Fragen zu den Texten oben in II C/D!
    2. Basteln Sie Gespräche über sich, ihre Familie, Ihre Feundin oder Ihren
       Freund!

Frage: Haben Sie Familie? Ja, mein Vater heißt C, Er kommt aus.. usw. Mein Bruder heißt..
Fragen dazu: Wie heißt Ihr Bruder? Wo wohnt Ihre Schwester? was macht sie? ....

C.
1. Übung: schnell antworten (1 Sek. bis zur Antwort!) -

Lerner(A): Polizist   Lerner(B): Fußgänger

Hallo Sie da !   Ich ?
Ja, Sie. Kommen Sie bitte her !
Wie heißen Sie ?   _____
Wo wohnen Sie ?   _____
Was sind Sie von Beruf ? _____
Woher sind Sie ?   _____
Und was machen Sie jetzt hier ? _____
Haben Sie Ihren Ausweis dabei?   Ja, hier, bitte !
Aha, danke schön !   Ist was ?
Nein, nichts Besonderes.

2. Bruder und Schwester

S : Pst !! Leise ! ... Gut ! Mama schläft .
B : Sie ist immer müde, wenn Tante Anna kommt.
S : ... Komm schnell ! ...
   So, das ist der Kuchen, das Geschenk von Tante Anna.
B : Wo essen wir ihn ?
S : Im Klo.
B : Nein, da ist es schrecklich.
S : Unten im Keller ?
B : Nein, da ist es dunkel. Besser draußen im Garten.
S : Nein, draußen ist es kalt, Brüderchen.
B : Egal! Ich will ihn aber jetzt essen.
S : Oh, ist der aber fest verpackt.
B : Das macht Tante Anna immer so.

(Fortsetzung folgt)

   Hallo ! Ich bin's. Warum ist es denn hier so dunkel ?
   Wo seid ihr ? Schlaft ihr alle schon so früh ?
   Helga ! Wo bist du ? Kinder ! Was macht ihr ?
B: Oh Gott, Papa kommt !
S: Was machen wir jetzt ?

Aufgabe : 1) Spielen Sie die Szene !
          2) Schreiben Sie die Fortsetzung !
              positiv und negativ

3. Exkurs
?? Grammatik ?? Was ist das Problem ?

ich	bin	da.	Papa	kommt	(vgl. ich komme aus Bonn)
wo	seid	ihr ?	Mama	schläft	
der	ist	fest verpackt.	Schlaft	ihr?	
sie	ist	müde.	was	macht	ihr?
wo	bist	du ?	was	machen	wir?
da	ist	es schrecklich	wo sind die beiden jetzt?		

? das ist der Kuchen   wo essen wir ihn   er ist fest verpackt ?
? ich will ihn hier essen ?
? die Mutter, der Kuchen, das Geschenk, die Geschwister

4. Zahlen(3)

    123   (ein)hundert drei und zwanzig   einhundertdreiundzwanzig
    423   vierhundert = = =   vierhundertdreiundzwanzig
    465   = fünf und sechzig   vierhundertfünfundsechzig
   1000   (ein)tausend
  10,000   zehntausend
 100,000   hunderttausend
1,000,000   eine Million, zwei Millionen...
                              ...1,000,000,000 eine Milliarde

Wieviel Geld haben Sie dabei?   _____Yen = _____Euro
Woher kommen Sie?
Wie groß ist das (Einwohnerzahl)?
Wie groß ist D (die Stadt, die Sie gesucht haben)

5. Datum
   Heute ist der Xte.

   der erste   : der 1.   der achte   : der 8.
   der zweite   : der 2.   der neunte   : der 9.
   der dritte   : der 3.   der zehnte   : der 10.
   der vierte   : der 4.   der elfte   : der 11.
   der fünfte   : der 5.   der zwölfte   : der 12.
   der sechste : der 6.   der dreizehnte : der 13.
   der siebte   : der 7.   der vierzehnte : der 14.

...　　　　　　　　　　　　　　　　...
　　　der zwanzigste : der 20.　　　　　　　der dreißigste : der 30.
　　　der einundzwanzigste : der 21.

Heute ist der 5. 10.　　　　Morgen ist der ??　　　Übermorgen ist ??
am 6. = am sechsten
am 23. = am dreiundzwanzigsten
Am 24. 12. ist Heiligabend
Am nächsten Tag haben wir Weihnachten.
An Silvester geht er zu Freunden. Und an Neujahr?

IN-Aufgabe: Die deutsche Fußballbundesliga (z.B. <www.sport1.de>)
Wer ist auf dem ersten Platz?
Auf dem ...... ist............
Die Teams auf dem ..... kommen in die Champions League.
Wer steigt ab?

Andere Sportarten?

6. Wochentage, Monate, Jahreszeiten und Jahrgang
   Montag Dienstag Mittwoch Donnerstag Freitag Samstag Sonntag
   am Montag,,,

   Januar Februar März April Mai Juni Juli
   August September Oktober November Dezember
      im August

   Wann haben Sie/Ihr Freund/ Ihre Mutter/ Ihr Bruder Geburtstag?
      Am dreizehnten Mai

   der Frühling der Sommer der Herbst der Winter
      im Winter

1989 : neunzehnhundertneunundachtzig
2007 zweitausendsieben
(im Jahre) 1989　(falsch : in 1989)

Heute ist der 5. 10. 2008 (auch: der fünfte zehnte Zweitausendacht)
am 5. Oktober 1989 (am fünften Oktober neunzehnhundertneunundachtzig)

Den wievielten haben wir heute;

Aufgabe
Ihr Plan für 2008:
Im ....
Im Februar
Im März fahre ich nach Deutschland.
Im April
usw. bis Dezember

V. Und sie? Wer sind sie?
1. Wer sind wir?

> Wir trinken gern Wein. Wir sind Weintrinker.
> Wir essen auch viel.
>
>
> Aha, ihr trinkt viel und esst auch viel. Ihr seid also
> Säufer und Fresser.
>
>
> Was sagst du dazu ? Sind sie echt Weintrinker ? Sie sagen so.
> Na, ja. Sie sind Trinker, aber nicht Weinkenner. Das sage ich ja.
> Ich trinke auch gern, aber nicht viel. Ich bin also kein Säufer.

Was sagen Sie, liebe Leser, dazu ? Ja, Sie !

Aufgaben:
    1. Suchen Sie gleiche/ ähnliche Verben und vergleichen Sie sie !
    2. Wer spricht mit wem ? (Kommunikationsstruktur)
    3. Zeichnen Sie die Szene(n)

2. Was sagen die Deutschen in der gleichen Situation wie unten ?
   Mutter A zu Mutter B in Japan:
   「どうも昨日は結構なものいただきまして」

a) wortwörtliche Entsprechung
   "(ich?)/(wir?) habe(n) gestern etwas Gutes bekommen"
   wer? was? von wem?
   "Sie(A) von mir(B)?? nein und was denn??"
       （ジツハ：Aの子供がBのこどもに誕生日のプレゼントを与えた）

b) formalsprachliche Entsprechung (ohne Zeitangaben):
   "Ihr Kind gibt meinem Kind das Geschenk
   ich finde die Tat schön / dafür danke ich Ihnen","?"

c) soziokulturelle Entsprechungen：0 ?
       "aber, warum sagen Sie das zu mir ??"
       "was hat das aber mit mir zu tun ??"

VI. Beschreiben, fragen, kommentieren
A. Mein Kopf tut weh.
1. Körperteile:Bitte zeichnen !
1) Der Körper

	der Kopf
	der Hals
	die Brust
	der Arm
	der Bauch
	das Bein
	der Fuß

2) Der Kopf
   die Haare(das Haar)

   das Auge   das Ohr

   die Nase
   der Mund
   der Zahn

2. Der Zahn tut weh

Grüß dich, Egon ! Wie geht's ?

    Grüß dich. Gar nicht gut.

Was hast du denn ?

    Mein Zahn tut weh.

Welcher denn ?

    Der oben rechts.

Schon lange?

    Nein, erst seit gestern.

Geh mal besser gleich zum Arzt!

    Ich kenne keinen.

Versuch's mal mit Dr. Meyer.

    Wo ist der denn ?

Hinter dem Rathaus, an der Ecke.

    Danke, das ist eine gute Idee.

    Tschüß !

Mach's gut !

3. Und der Kopf tut auch weh

    Was ist los mit dir ? / Was hast du denn?

    Ich habe Kopfschmerzen.

Ist es so schlimm ?

    Ja, schon ziemlich. Ich bin erkältet.

Seit wann ?

    Seit drei Tagen.

Hast du Fieber ?

    Ich glaube ja.

Warum gehst du nicht zum Arzt ?

    Kennst du einen guten ?

Ja, wie wäre es mit Dr. Brandt ?

    Da unten am Rheinufer ?

Ja genau, in der Arndtstraße.

    Gut, will ich mal versuchen. Danke Fritz.

Tschüß, Werner, mach's gut, und gute Besserung!

4. Ortsangaben
1) Adverbien

oben

hinten

rechts ---------------------- links

vorne

unten

Aufgabe: perspektivisch zeichnen

B. Dinge benennen und Preise angeben
1. Dialog
   A1: Was ist das denn?
   B1: (der) ein Stift/(die) eine Tasche/ (das) ein Etui/ Socken.
   A2: Was kostet der?die/das?kosten die? (ohne Substantivwiederholung!)
   B2: 20 Euro/ drei Euro achtzig, 20 Eurocent, der/die/das ist umsonst;
   A3: Das ist aber teuer/ billig;
   B3: Leider/ ja, ne/ nein, das ist normal/ nein, gar nicht

2. Einige Dinge sammeln
Internet- Aufgabe
Was kostet X in Japan, in Deutschland (Vergleich)
Dinge zu Hause: Sammeln Sie 10 Stück und notieren Sie die jeweils mit der/ die/das und Plural, z.B. so:
h   der Stuhl, Stühle
i   die Lampe, -n
^   das Dach, Dächer

3. Wo ist X? : Präpositionen(lokal)

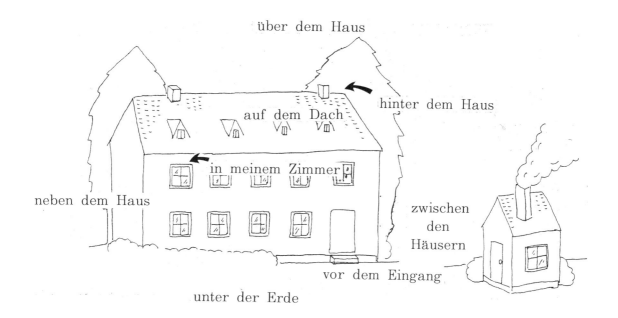

VII. Mein Zimmer
A.
1. Wo wohnen Sie ?
   Wie ist Ihr Zimmer ?
   Leben Sie allein ?
   Oder wohnen Sie jetzt noch bei Ihren Eltern ?
   Wie ist die Wohnung ?
   Wie ist das Haus ?
   Wie groß ist es ?
   Wie viele Zimmer hat es ?
   Wie teuer ist das Zimmer ?/ Was kostet es ?
   Wie hoch ist die Miete/ der Preis ?
   Was kostet ein Quadratmeter (m^2) (Grundstück) hier in X /bei Ihnen ?
   Wohnen Sie lieber in der Stadt oder auf dem Lande ? Warum ?
       (langweilig, laut, zu langsam, interessant, tot, hektisch)
   Da ist es ......

2. ein Dialog
- Kommst du heute abend zu mir ? Ich gebe eine Party.
- Wo wohnst du denn ?
- In Babacho.
- Wie komme ich dahin ?
- Du gehst nach rechts 30m und dann nach rechts 1km bis Ogawacho. Und dann nach links 20m. Auf der linken Seite ist ein Tabakladen. Hinter dem Haus ist der Eingang zu meinem Zimmer.
- Ist das ein Mietzimmer ?
- Ja
- Ok. Dann bis heute abend !

3. Wie kommt man von hier zu Ihrer Wohnung ?
   gehen / fahren , hier rechts / links, geradeaus
   nach rechts / links,
bis XY, und dann
da, auf der rechten/linken Seite, da links ist
an der Kreuzung, an der Ecke, vor dem Postamt, neben der Schule
zu Fuß, mit der Straßenbahn, mit der (Linie) 14 nach XY
Da (rechts/ links) ist es.

4. Was haben Sie (alles) in Ihrem Zimmer ?
   Der > einen , das > ein, die > eine, die (pl.) > (0+Zahl+) X(pl.)
ein Bett, einen Tisch, eine Lampe, eine Stereoanlage, ein Sofa,
einen Wecker, einen Stuhl, einen CD(MD, DVD)spieler, ein Bücherregal
   Bei mir/ uns gibt es ……………

aber leider kein……

4a. Welche Geräte gibt es bei Ihnen, welche im normalen Haushalt in Japan, in Deutschland?

Und wo ist die Lampe/der Wecker/der CD/DVD/MD-Spieler/... ?
   der > dem, das > dem, die > der, die(pl.) > den ……n
auf dem Bett/ hinter dem Tisch/ neben der Lampe/ über dem Bett
   rechts neben dem Bücherregal/ ...

4b. Müll: Wohin mit ...?
Papier kommt in die Altpapiertonne.
Aufgabe: Ihr Müll von heute: Wohin damit? Machen Sie jeweils einen Satz.
M?? Dinge- Behälter/Verpackungen-Verpackungsweisen

5. Zeichnen Sie Ihr Zimmer/Haus und beschreiben Sie es !

- eine Wortliste -
  das Bad, der Flur, die Küche, das Zimmer, Schlafzimmer, Wohnzimmer,
  die Tür, das Fenster, die Wand, die Decke, der Boden,
  der Tisch, der Sessel, der Stuhl, die Tatamis, das Sofa
  der Heizofen, der Kühlschrank, die Waschmaschine,
  die Lampe, das Licht, die Klimaanlage

  die Miete, der Mieter, Vermieter, das Appartement, Mietzimmer,
  das Studentenwohnheim

  groß/klein, teuer/billig, hell/dunkel, hoch/niedrig, hoch/tief,
  gut/schlecht, bequem/unbequem, ruhig, leise/laut

  wohnen, leben, kochen, waschen, schlafen, arbeiten, lernen, lesen
  spielen, trinken, essen, Computerspiele spielen, fernsehen

6. Zeichnen Sie nach der Beschreibung des Lehrers !
Der Lehrer stellt seine Wohnung/ sein Haus vor

7. Zeichnen Sie nach der Beschreibung Ihres Nachbarn ! (S.Seite 32)

8. Zimmerbeschreibung

Haruo Tanakas Zimmer sieht etwa so aus:

B. Interviews auf der Straße

Aufgabe : Auswendig lernen und Fragen stellen

wo...? wie ist...? wie findet er sein Zimmer ? warum...?
was für ein Zimmer ist das ? usw.

- ?   Ja, bitte.
- ?   Mein Zimmer ?
        Ach, das ist eher eine Bude.
        Na ja, ich wohne in einem Dachzimmer.
        Auf dem fünften Stock.
        Das hat 16, 5 Quadratmeter.
        Ohne WC und Dusche. Die sind draußen auf dem Flur.
        Im Zimmer habe ich nur Kochplatten und Wasser.
        Die Miete ist 300 Euro pro Monat.
        Dazu kommen noch Nebenkosten, und Heizung.
        Das macht zusammen 350 bis 380 Euro.
-.   Nein, nicht gerade billig.
        Aber das ist hier in der Stadt überall so.
-?   Ja, ich studiere Biologie.
-!   Bitte,bitte.

Aufgabe : Was sagt der Interviewer ? + Auswendig lernen
            + Fragen stellen

Aufgabe:
> zu (3)
>> - Zeichnen Sie das Haus !
>> - Was sagt der Interviewer ?
> zu (1)(2) und (3)
>> - Basteln Sie selber eine Interviewszene !

> - Umschreibung der Texte in die dritte Person

Der Interviewer fragt...   Der Student sagt...

VIII. GRAMMATIK

1. dritte Personen (Personal- und Demonstrativpronomen)

a)

Wer ist der Mann ?	Wer ??
Der da drüben.	Aha, das ist der neue Chef.
Und die Dame daneben ?	Die ist seine Sekretärin.
Ist die auch neu hier?	Nein, sie ist schon seit einem Jahr da.
Wirklich? Ich kenne sie nicht.	
	DU nicht, aber ich.

b)

Wo ist der Kuchen von Tante Anna?

        Der ist hier, ..da.

Ich will ihn probieren.   Bitte, er schmeckt gut.

(mampf),is ja wirklich gut.   Siehst du ?

> eine Dame - die Dame - die - sie/sie
>
> der Kuchen - der - er/ihn

c)

Herr Mombert, wie ist es mit der Rechnung von gestern ?

        Die ist schon fertig. Hier ist sie.

Danke, hm gut.

Rechnen Sie bitte dieses noch dazu.

        Jawohl. Oh. das ist aber viel, Herr Tack.

Tut mir leid, Herr Mombert, die müssen noch dazu.

Das geht leider nicht anders... wann ist sie wohl fertig ?

        O.k. Ich mache sie noch heute fertig.

Danke !!   Ach, nichts zu danken !

Aufgabe : sie, die, = ??

d) es war einmal

Wo sind denn die Kinder?	Die spielen im Garten.
Ich sehe sie aber nicht.	Dann sind sie eben nicht im Garten.
Hm...	
Was machst du denn da?	Ich stricke.
Einen Pullover?	Ja.
Für wen ist der? mich?	Nein.
Für Michael?	Ja.
Und für Ingrid?	Ja, für sie auch.
Und für mich?	Ist nicht nötig.
Oh, schade.	Du kriegst diesen. Der ist schon fertig.
Ach, du mein Schätzchen!	Bitte, bitte!
Was kann ich für dich tun?	Ein neues Kleid. Bestellt ist es auch schon.
Ach, was.	

Aufgabe: Schreiben Sie die Pronomen raus! Worauf beziehen sie sich jeweils?
Zusatzaufgabe: Versuchen Sie eine einfache Systematisierung der Pronomen

2. Verbstellung und Wortstellung

a) Aussagesatz (Thematisierung)

Herr Vogel tut alles für seine Frau
Für seine Frau tut Herr Vogel alles
Für seine Frau tut alles Herr Vogel
Alles tut Herr Vogel für seine Frau
Alles tut für seine Frau Herr Vogel

b) W-Fragen

Wer kommt		noch	?	Hans und Anja
Wann kommt	sie	zu dir	?	Heute abend gegen acht
Was bringe	ich	mit	?	Nichts, dich selbst
Wo treffen	wir	uns	?	In der "Grotta"
Wohin gehen	wir		?	In die "Grotta"
Wie kommt	ihr	dahin	?	Mit dem Auto
Warum geht	ihr	dahin	?	Da kommt eine tolle Band

c) Ja-Nein-Fragen

    kommt Hans mit ? ja, klar
    bringst du CDs mit ?   nein, die sind umständlich.
    geht ihr auf die/zur Party?   nein, leider nicht

    kommst du nicht ?   doch, ich komme mit
    gehst du nicht dahin ?   nein, keine Zeit
    ist Anja nicht da?   doch, die ist schon da

3. die Rahmenstruktur

a) schwach (Verb-Objekt)

  ich esse   viel Käse
  (ich esse Käse sehr gern)
  ich esse oft nur   Käse
  oft esse ich abends Käse
 heute esse ich wieder Käse
                is ja Käse !

b) stark (Kopula-Prädikatadjektiv)

  Rauchen ist   gesund
  Rauchen ist   immer gesund
  Für mich ist Rauchen immer gesund
  Rauchen ist für mich immer gesund
  Rauchen ist immer gesund für die Finanzen der Tabakfirma
                also bin ich nicht mehr von dieser Welt

c) notwendig (trennbare Verben)

    Karl   fährt   morgen nach Paris ab   (abfahren)
    wann   kommt er in Trier   an?   (ankommen)
    warum geht er so früh   weg?   (weggehen)
          steigen Sie bitte gleich ein!   (einsteigen)
    wo   steigen Sie   aus?   (aussteigen)
    erstmal steige ich aber in Mainz um   (umsteigen)

d) notwendig (Hilfsverb-Vollverb)

    ich kann Mikado spielen
  Wörter kannst du nicht essen
    ich muss jetzt schon gehen
  heute will ich nicht arbeiten
   das kannst du morgen sagen
   wo können wir Bier trinken?
    soll ich dir ____ helfen?

e) weiteres..

   ich habe gestern viel gearbeitet
 gestern habe ich viel geschafft
   was haben Sie danach gemacht?
   ich bin in eine Kneipe gegangen
   da habe ich lange getrunken
      ist da etwas passiert?
   ich habe alles vergessen
      haben Sie da eine Dame gesehen?
   was habe ich bloß getan?
   Sie haben Deutsch gelernt, liebe Leser !
Viel Spaß!

4. SATZRAHMENBILD

Bitte selbst entwerfen! Versuchen Sie bitte die wichtigsten Elemente in einem dt. Satz in eine Sruktur zu integrieren. Viel Spass!

IX. Hast du Zeit ? (eine Szene vorspielen : schnell und ohne Text!)
A.
1. Verabredung

Hallo, grüß dich !

                Grüß dich !

Wie geht's

                Es geht. Und dir ?

Könnte besser sein. Übrigens,

hast du heute abend Zeit ?

                Ja, warum ?

Hast du Lust ?

                Was ist denn?

Gehen wir einen Trinken?

                Ja gern.

                Hast du Geld ?

Ja, etwas

                Wieviel denn ?

Na ja, so 100 Euro/10,000 Yen etwa.

                Gut. Und wann treffen wir uns ?

Um neun Uhr ?

                Etwas früher bitte.

Ist sieben Uhr OK ?

                Ja, gut.
                Und wo treffen wir uns ?

Am Bahnhof.

                Kommt Yamada auch mit ?

Ich glaube schon.

                Dann bis später !

Bis dann, tschüß !

                Tschüß !

B. Variationen:
   ich habe viel/etwas/ein bisschen Geld
   früher/später
   ist X Uhr OK ? / wie wäre es mit X Uhr? geht es um X Uhr
   ja, sicher / ich glaube schon / wahrscheinlich / kann sein /
   vielleicht / keine Ahnung / ich weiss nicht / nein, sicher nicht
   bis später/dann/nachher/heute abend / bis Freitag acht Uhr

Aufgabe(Fortsetzung von A):
Zeichnen und beschreiben Sie bitte
1) Wie wird der Abend wohl?

2) und wie war der Abend dann?

X. Wünsche und Erfahrungen schildern
A. Was machen Sie in den Sommerferien ?
1. Schönes Studentenleben
Wir fragten Hiroshi Yamamoto. Hier ist seine Antwort.

Was ich in den Sommerferien tun will?
Ja, erstmal will ich jobben und viel Geld verdienen.
Ich arbeite bei einem Kaufhaus als Aushilfefahrer.
Dann fahre ich nach Hokkaido. Da möchte ich
auch einige nette Mädchen kennenlernen. Im Sommer sind in Hokkaido ja
sehr viele Studentinnen aus Großstädten in Honshu.
Bücher will ich auch viel lesen, besonders Science-fictions und
Krimis. Ich lese sehr gern Perry Rodan. Die Baseball-Spiele im
Fernsehen interessieren mich nicht so sehr. Ich gehe lieber ins Meer
tauchen. Da ist es nämlich kühl und erfrischend.
Und ich will ein Klassentreffen der Schulkammeraden organisieren. Ich
fahre zum buddhistischen Fest nach Hause zu meinen Eltern. Da wohnen
noch viele Leute aus der Schulzeit. Wir trinken dann unglaublich viel.
Was will ich sonst noch ?

Aufgabe: Zeichnen Sie nach dem Text

2. Die moderne Studentin
Was will man in den Ferien tun? Ich weiß nicht. Vielleicht fernsehen
oder faulenzen. Sonst nicht viel. Eine Reise ? Nein, es ist zu heiß
draußen. Abenteuer? Die sind nur für dumme Männer. Die kotzen immer
banale Sprüche. Die interessieren mich nicht, diese großen Kinder.
Ich fahre vielleicht zu meiner Tante. Da spiele ich mit der Katze. Die ist ja
soo süß.

3. Eine deutsche Studentin
Ich muss bis Septemder drei Arbeiten schreiben. Dazu brauche ich einen
Monat. Dann muss ich Wenigstens fünf Wochen jobben und Geld verdienen.
Damit mache ich eine Studienreise nach Indien. Da bleibt nicht mehr
viel Freizeit, aber ich hoffe, ich kann doch noch ein bisschen Zeit zum
Lesen finden. Ich lese nämlich sehr gern Musikgeschichte. Ich spiele
selber alte Musikinstrumente wie Blockflöte oder Laute.

4. Und Sie, was machen Sie in den Sommerferien ?

und was haben Sie dann wirklich im Urlaub gemacht?
Kleben Sie Ihr Urlaubsfoto hierhin und beschreiben Sie bitte.

B. Was haben Sie in den Ferien gemacht?
- Perfekt

ich habe .... gemacht/ gearbeitet/ gespielt/ geübt/ gelernt/ getrunken/

    ich habe jeden Tag Karate geübt und bei Fuji gearbeitet
    wir haben nachher unglaublich viel gegessen
    nachher haben wir auch viel Bier getrunken

ich bin......... gefahren/ gewesen/ aufgestanden/ geworden/ gestiegen
    wir sind an die Küste gefahren und gleich ins Wasser gesprungen
    abends bin ich dann allein in die Stadt zurückgefahren
    meine Freundin ist ganz schön böse gewesen: Ich bin eine halbe Stunde
    zu spät gekommen
        (du hast/ bist..... er (/ sie/ es) hat/ ist
        ihr habt/ seid....... sie haben/ sind)

Aufgabe:
    1) Zeichnen Sie!
        Was haben Sie   am Wochenende   gemacht?
                      auf dem Studentenfest
                      an Silvester/ an Neujahr/
                      am Neujahrstag
                      in den Sommer/ Herbstferien

    2) Schreiben Sie dazu ein Gespräch!
„ Hallo, grüß dich!"
                      „Grüß dich! Lange nicht gesehen!"
„Was hast du (denn so) in den Ferien gemacht?"
                      Na ja, am Anfang/ im August....."

                      „Und wie wars bei dir? Wie ist's bei dir
                      gewesen?"

    3) Schreiben Sie jetzt einen Text über Ihre Ferien!
        Verwenden Sie dabei die Ausdrücke in IX A 1-3 oben:

In den Sommerferien bin ich nach XY gefahren. Da habe ich....
Ich habe bei XX gearbeitet.....   usw.

4) Schreiben Sie über die Ferien des Studenten/ der StudentInnen in A 1-3 oben:

Der Student hat ....gearbeitet. Er ist dann............gefahren.....usw.

C. Was würden Sie tun?
Machen Sie dem Seereisenden 10 Vorschläge:
1.
2.
3.
4.
5.
6.
7.
8.
9.
10.

XI. Aus mehreren Sichten schildern

A. Vorbereitung

1. Aufgabe

Stellen Sie gegenseitig Fragen zum Bild:

wer / was ist auf dem Bild ?

was steht da sonst noch ?

wo ist / steht / fährt das Mofa / das Auto / der Baum / die Mauer ...?

zwei Kinder, ein Fahrer, ein Baum, eine Kreuzung, Ampeln
Straßen, eine Querstraße, eine Studentin, ein Fußgänger,
ein Auto, ein Mofa, ein Ball,
neben / auf / vor / hinter / bei ..., rechts / links von Z,

2. Die Geschichte : Ein Unfall

Am Dienstagnachmittag fahren ein Auto und ein Mofa auf der Heiwa-
straße in Okaya : Ein Geschäftsmann in einem Mazda und gleich hinter
ihm eine Studentin auf ihrem kleinen Mofa. Der Mann fährt langsam und
vorsichtig. Die Studentin hat es eilig. Sie denkt an die Universität. Sie hat
in der vierten Stunde eine Prüfung, aber sie hat sich nicht gut vorbereitet.
Daher passt sie nicht gut auf den Verkehr auf.

Der Fahrer sieht : Die Ampel ist grün. Ein Fußgänger steht an der Ampel
und wartet. Da kommen zwei Kinder aus der Querstraße. Sie streiten um
einen Ball. Der Ball rollt auf die Straße und in die Kreuzung.

...!   Wie geht die Geschichte weiter ?

Aufgabe :

    1) Zeichnen Sie die Fortsetzung in mehreren Schritten !

    2) Beschreiben Sie sie auf Deutsch !

    3) Beschreiben Sie die ganze Geschichte von verschiedenen
       Standpunkten aus :
       - die Studentin
       - der Autofahrer
       - der Fußgänger
       - die Kinder
       - der Polizist
       - die Ambulanz

    4) Schreiben Sie ein Gespräch zwischen dem Fußgänger und seiner
       Frau über diesen Unfall !

B. Meldungen

1. Polizeimeldung

　　Ein Polizist schreibt eine Meldung :
　　　Am Dienstag 10.11.2005...

2. Die Meldung in einer deutschen Zeitung

> Okaya / Japan. kyodo. Am Nachmittag des 10. 11. fuhr eine Studentin mit einem Mofa auf einen Mazda eines Geschäftsmannes auf. Der Unfall ereignete sich an oder Kreuzung Heiwastraße / Asahistraße. Die Studentin wurde ins Krankenhaus eingeliefert, ist aber außer Lebensgefahr. Dies war der vierzigtausendste Unfall durch MofafahrerInnen in diesem Jahr hierzulande: Darunter neuntausend Schwerverletzte und fast fünfhundert Tote. Die Polizei ruft erneut zu aufmerksamem und vorsichtigem Mofafahren auf.

Hinweise zur Grammatik (Präteritum)

　　die Studentin fährt unvorsichtig　-　sie fuhr zu schnell
　　ein Unfall ereignet sich　　　　　-　er ereignete sich gestern
　　die Verletzte wird gerettet　　　 -　sie wurde ins Krankenhaus
　　　　　　　　　　　　　　　　　　　eingeliefert
　　das ist wieder ein Unfall mit einem Mofa　-　er war schrecklich

- Vergleichen Sie den Originaltext und die Meldung !
　Welche Teile sind weggelassen ? Welche nicht ? Was ist hinzugefügt ?

- Suchen Sie Unfallmeldungen in Ihrer Zeitung und schreiben Sie eine
　Meldung für eine deutsche Zeitung ! Oder schreiben Sie aus eigener
　Erfahrung !

C. Erlebnisberichte

1. Im Krankenhaus

    Eine Freundin besucht die Studentin im Krankenhaus. Machen Sie das Gespräch!

Freundin	Studentin
- Mensch, was hast du denn gemacht?	
	- Ja, also, ich hatte ...

2. Der Fußgänger geht nach Hause und erzählt seiner Frau von dem Unfall:

Mann	Frau
- Du, da ist ein Unfall passiert!	
	- Wo, denn?

3. Er muss am nächsten Tag zur Polizei. Die fragt ihn noch einmal. Er macht einen Augenzeugenbericht:

Polizeibeamte	der Mann
- So, Herr Mori, vielen Dank, dass Sie gekommen sind!	
	- Ach, nichts zu danken.
- Und jetzt, erzählen Sie bitte, was Sie gesehen haben. ich mache ein Protokoll.	
	- Ja, also, gestern am 10....

D. Vergleichen Sie alle Gespräche und Texte!

    Was kommt wo vor? Und wo nicht?

	Fahrer	Kinder	Studentin	Polizist	Artikel	Protokoll	usw.
Datum	−	−	−	−	+	+	
Ort	+	−	−	+	+	+	
Gefühl	+	+	+	−	−	−	
...							

XII. Spiel (nicht) mit den Normen !
A.
1. In Japan
1. 1.

    Was soll   ein Mann   machen ?
                    eine Frau   machen ?
         muss   ein Mann   machen ?
                    eine Frau   machen ?
     darf ein Mann nicht tun ?
            eine Frau nicht tun ?

     Und   ein Junge ?
                 ein Mädchen ?

                 ein Student ?
                 eine Student ?

     Und   ein Mann gegenüber einer Frau ?
                 eine Frau gegenüber einem Mann ?

                 ein Lehrer gegenüber den Student (inn) en ?
                 ein (e) Student (in) gegenüber einem Lehrer ?
                 ein (e) Student (in) gegenüber eine (m / r) Student (in) ?

1. 2.
     Erklären Sie das einem / einer Deutschen:
         - die Schuluniform
         - kurze Haare
         - Verbot des Mofafahrens
         - zu Hause wohnen
         - im Unterricht schlafen

     Und warum ist es so ? ?
         Wozu ? Wer macht damit/ dabei Gewinn ? Wer macht Verlust ?

2. In anderen Gegenden

   Wie ist es in Europa / Deutschland (und in anderen Gegenden) ?

   Schlagen Sie in Büchern über diese Themen in der Bibliothek nach oder suchen Sie im Internet! Wie ist es z.B. in den USA, in Thailand, in Russland/ Osteuropa, islamischen Ländern, Südamerika usw.

   (eventuell als Hausaufgabe „Report" auf jap. / dt.)

3. Wie war es in Ihrer Schulzeit ?

   Was durfte man da nicht ? Was sollte man tun ? Was musste man beachten ? Schildern Sie eigene Erlebnisse und Erfahrungen !

4. Basteln Sie eine Szene aus Ihrer Schulzeit !

   Und erklären Sie sie für deutsche Leser !

   (Lehrer stellen Fragen dazu.)

B. So soll mein (e) Partner (in) sein

Einleitung

Ich bin gern allein – Ich bin gern mit Freunden/ Freundinnen zusammen

Am liebsten bin ich zu Hause. / gehe ich mit .... weg.

1. A: Also meine Frau muss gut kochen können.

   B: Ach nein. Das kann ich selbst. Aber meine Frau muss...

   (Setzen Sie fort !)

2. A: Also, mein Mann muss viel Geld verdienen. ...

   B: ...

   ... (Fortsetzung!)

   jünger, älter, x (Jahre (alt)), freundlich, nett, brav, dumm, aktiv, zuvorkommend, sportlich, selbständig, zurückhaltend, usw.

   viel Geld haben, reich, erfolgreich usw.

3. Zugabe: Zeichnen Sie Ihren Idealpartner !

   - Schicken Sie Ihrem Idealpartner einen Brief !
   - Entwerfen Sie eine Anzeige für ein Miai oder ein Heiratsinstitut !

   Zuerst über sich selbst : Ich bin...

   Dann über den Partner : Sie / Er soll...Er / Sie braucht nicht...

   Aber er / sie sollte doch...Auf jeden Fall muss sie / er...

4. Schwierige Sprechakte: Z.B. Komplimente machen

Komplimente machen ist nicht ganz einfach im Deutschen. So kann hübsch auch als dumm verstanden werden. Das folgende ist noch einigermaßen sicher.

4. 1. Mode und Modenschau: Akkusativ und Geschlechtsbeibehaltung

a) Was hat Ihr Nachbar/ Ihre Nachbarin an?
Er/ Sie trägt ...
Heute hat sie .... an. Der/die/ das ist ....
Am abend trägt man/ frau/ der Mann/ die Frau ....
Auf der Party hat sie ....an

b) Neueste Mode
Und das zieht er/ sie 2009 an (Bitte aus dem IN einige Beispiele herunterladen), Sie hat
Sie hat eine Hose an. Die ist grün und weiß kariert. Die ist aus Stoff. Sie passt ihr sehr gut.
Er hat einen Pullover an. Der ist ... Der ....
Sie hat ein ....an. Das ....
Er hat Schuhe an. Die sind..........

Komplimente machen: Dem anderen sagen, was er anhat. Das ist dann gut.
Bewunderung verstärken mit: aber gut, usw.
Abschwächen mit: aber nicht (so) gut, usw.
Viel Spaß

I.M.
R.R.

Internetaufgaben: Suche mit Google, yahoo, usw.: das Wort aus dem Text in die Suchmaske schreiben und sehen, was passiert 探す、書く、見てみる
Finden Sie etwas heraus über eine Stadt Ihrer Wahl: 探し出す

Wörter im IN suchen und die Bilder ansehen インターネットで見る
Die Waren im IN suchen インターネットで探す：Sauerbraten, Stollen, usw.
Preise vergleichen (im IN nachsehen) 値段を比べる、インターネットで確認する
(Aus dem IN) herunterladen （インターネットから）ダウンロードする
Gegenseitig vorstellen お互いに紹介する

Zum Arbeiten mit diesem Buch
Fremdsprachenlernen kann man lernen. Dazu gibt es in diesem Buch viele Übungen aus ganz unterschiedlichen Bereichen. Die Fähigkeiten und Fertigkeiten, die man beim Durch- und Selbsterarbeiten lernt, kann man auch fürs Lernen anderer Fremdsprachen verwenden.
Beim Arbeiten mit diesem Buch werden alle vier Fertigkeiten angesprochen. Außerdem ist es sinnvoll, jeweils in kurzen Tests den Inhalt des vorherigen Unterrichts zu wiederholen. Die im Buch gegebenen Aufgaben sollte man möglichst in ein eigenes Heft schreiben, malen usw.
Oft gibt es Aufgaben aus dem Internet oder anderen Medien. Dadurch können diese Aufgaben immer aktuell sein.
Sehr oft geht es darum, wie beim Fremdsprachenlernen überhaupt, aus gegebenen Beispielen selbst eine Regel oder Regelhaftigkeit zu erschließen. Dabei kann die Grammatik oder der Lehrer nur eine Hilfe sein, lernen und anwenden muss man schon selbst.
Sammelt man alle Materialien und Lösungen zu den Aufgaben, so hat man zusammen mit den Kurztests am Ende des Kurses sein eigenes, selbst erstelltes Deutschbuch.

DEUTSCH oder was ?!
ein schlagendes Stück !
- Einführung ins selbst(mediale) Fremdsprachenlernen mit Deutsch -
2. Auflage
von
Ichiro Marui & Rudolf Reinelt
Alle Rechte vorbehalten, printed in Japan
Verlag Sofu-sha, Matsuyama, 2007-09-10
http://www.soufusha.jp/

今どきのドイツ語（改訂版）

１９９０年２月１日　初　版　第１刷　発行
１９９６年３月２８日　　　　　第４刷　発行
２００７年９月１０日　第２版　第１刷　発行
２０１６年１０月１０日　　　　第３刷　発行

著　者　丸山　一郎
　　　　ルードルフ・ライネルト
発行者　大早友章
発行所　創風社出版
　　　　〒791-8068　愛媛県松山市みどりケ丘９−８
　　　　電話　089(953)3153　郵振　01630-7-14660
印刷所　㈱松栄印刷所
定　価　本体1600円＋税

落丁本・乱丁本はお取替えいたします　Printed in Japan
ISBN 978-4-86037-087-9